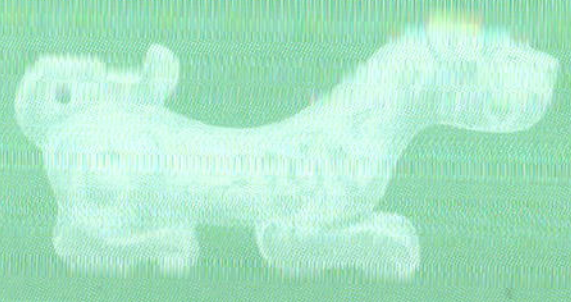

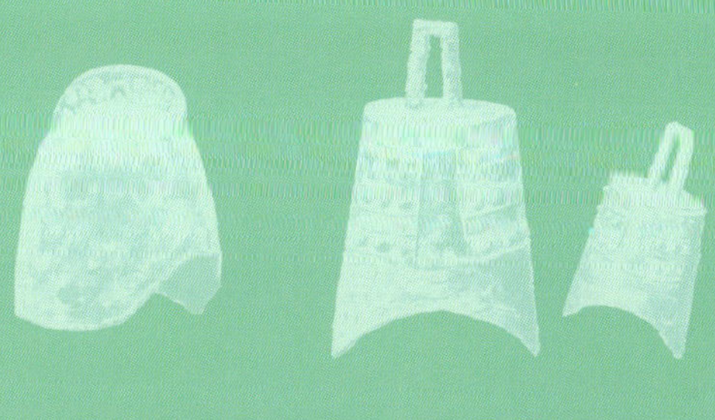

1984 年，党和国家领导人邓小平、习仲勋为“爱我中华 修我长城”活动题词，激发了长城的时代价值，推动长城保护上升到弘扬民族精神的高度，开创了长城保护的新格局。

文明史里看中国

手绘中国

长城

张依萌　刘峘　张俊　著
刘磊　王禹　绘

北京出版集团
北京少年儿童出版社

图书在版编目（CIP）数据

手绘中国长城 / 张依萌，刘岠，张俊著 ；刘磊，王禹绘. — 北京 ：北京少年儿童出版社，2024. 6（2025.1 重印）
（文明史里看中国）
ISBN 978-7-5301-6510-2

Ⅰ. ①手… Ⅱ. ①张… ②刘… ③张… ④刘… ⑤王… Ⅲ. ①长城—中国—青少年读物 Ⅳ. ①K203-49

中国版本图书馆CIP数据核字（2022）第240143号

文明史里看中国
手绘中国长城
SHOUHUI ZHONGGUO CHANGCHENG
张依萌　刘岠　张俊　著
刘磊　王禹　绘
*
北京出版集团　出版
北京少年儿童出版社　出版
（北京北三环中路6号）
邮政编码：100120

网　址：www.bph.com.cn
北京少年儿童出版社发行
新华书店经销
雅迪云印（天津）科技有限公司印刷
*
889毫米×1194毫米　16开本　4印张　145千字
2024年6月第1版　2025年1月第3次印刷

ISBN 978-7-5301-6510-2
定价：68.00元
如有印装质量问题，由本社负责调换
质量监督电话：010-58572171

鸣谢 长城小站

目录

·缘起·

我们的长城

长城在哪里？它上山巅，下谷底，穿森林草原，过沙漠戈壁，蜿蜒在广阔的华夏大地上。它的形象出现在我们生活中的每一个角落，也深深地印在中国人民的心里。

长城有多长？它跨东西 4 万多里①，越古今 2000 多年。它如长龙，也如血脉。

长城是什么？它是卫士，也是摇篮。它是古代工程奇迹，也是中华民族的象征。它是看得见摸得着的历史遗迹，凝结了古人的智慧，是全人类共同的文化遗产。长城是明星，耀眼夺目。

你可知山海关不是长城的东端起点，八达岭不是长城的典型样貌？你可知长城的历史比秦始皇还要久远？

如果你对长城充满好奇，那么请带着你的疑问，跟随我们的文字和画面，去了解真实的长城。

① 里：中国古代使用的长度计量单位，常用于计量地理距离。一里等于 500 米。

·新石器时代·

长城的起源

距今约300万年前，地球上出现了最早的人类。直到四五千年前，世界上的人口还是非常少的，各地的人们交往也不多。

随着人类社会不断发展，人口不断增多，大家逐渐聚居在一起，学会了分工协作，开始有能力建造浩大的工程。当水不够喝、食物不够吃时，人们开始互相争夺。为了保卫家园，人们建造了最早的城墙；为了抵御洪水，人们建造了堤坝。

有人认为长城是从城墙演变而来的，也有人认为长城起源于堤坝。

陶寺遗址

山西襄汾县的陶寺遗址是中国新石器时代最大的城址之一。人们在陶寺遗址发现了大型的宫殿遗址和贵族墓葬，还有很多精美的彩陶和玉器。这里还有早期的观象台遗址。有人说陶寺是尧的都城，也有人说这里是“最早的中国”。

新石器时代

大约10000年前，中国进入了新石器时代。当时的人类已经学会制造打磨光滑、比较精致的石器，学会了制作陶器和纺织，还会栽种植物、养殖牲畜。这一时期，人类逐渐定居下来，学会了建造城墙。

城头山遗址

湖南澧县城头山遗址的城墙修建于距今6000年前，是中国目前发现的年代最早、保存最完整的古城，周围有很宽的护城河。

良渚古城遗址

位于今浙江杭州的良渚古城遗址，距今有4000多年的历史。古城西北部建有世界上最早的水坝系统。其实良渚古城的“城墙”本身就是一圈堤坝。当时的古城内外，河流、湖泊和沼泽密布。

一片土地，两种人群

在远古时代，人们通过狩猎和采集来获取食物，经常吃不饱、穿不暖。在距今 15000—10000 年前，人类学会了种植庄稼、饲养动物。有的地方适合耕种，那里的人就成了农民；有的地方适合牛羊的生长，那里的人就成了牧民。

中国北部有燕山、阴山、贺兰山等很多山脉，还有黄河河套，它们把中国北方边疆地区分割成很多不同的地理单元，每个地理单元气候不同——有的地方适合放牛放羊，有的地方适合种植庄稼。

冲突！冲突！

农耕与游牧民族之间经常会发生冲突。游牧民族不会种植庄稼，一旦发生自然灾害，吃不饱、穿不暖，于是就到农耕民族这里来抢粮食。

农耕民族之间也存在冲突。在各种灾害、冲突面前，众多农耕区形成了不同国家。国家之间为了争夺土地和人口也会进行战争。

炭化粟
半坡遗址出土

装粟的
陶罐

炭化谷
河姆渡遗址出土

种植农作物的农耕民族

黄河流域和长江流域气候温和、降水充足、土地肥沃，非常适合种植庄稼。我们的祖先根据不同的环境条件，掌握了在黄河流域种植粟、在长江流域种植水稻的技术。农业使人们定居下来，形成了村庄和城镇。

驯养牲畜的游牧民族

北部的蒙古高原、西伯利亚地区气候寒冷，不适合农作物生长，但那里有广阔的草原，为牲畜提供了充足的草料。生活在那里的人们，通过养马、牛、羊来获取食物，成了牧民。但不同的季节，他们驱赶着牲畜迁徙，为它们寻找水源和草场。他们发现，马是一种理想的交通工具。为了适应游牧的生活，牧民成了游牧民族。

夏朝、商朝与西周

大约在公元前2070年，大禹的儿子启建立了中国古代第一个王朝——夏朝。夏朝的直接统治范围比较小。而第二个王朝商朝，根据《诗经》的描述，已经有方圆千里的疆域。商之后的西周则分封了数百个诸侯，疆域继续扩大。但总体来说，夏朝、商朝、西周时期地广人稀，中原和周边其他民族的聚居区犬牙交错，边疆和国界的概念比较模糊，没有修长城的必要，但长城出现的各种条件在这一时期不断孕育成熟。

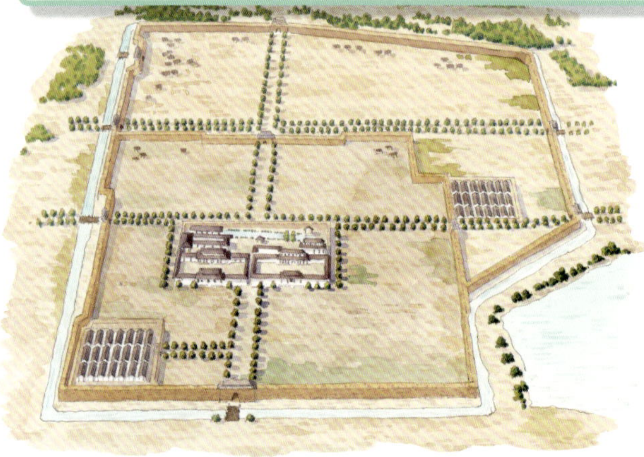

河南偃师商城

偃师商城是商朝的一座都城，它的北面和东面各有内外两道城墙，内城城墙有很多小“拐弯”，可以扩大防守视野，减少防守死角。

内蒙古赤峰夏家店下层文化的石城

内蒙古赤峰地区的三座店有一座石城遗址，是夏朝至商朝时期的文化遗址，已经有约4000年的历史了，属于夏家店下层文化。古城的城墙是用石块砌成的。当时的人们修建了许多石城，它们从东到西沿着河流排列，看上去很像长城。有意思的是，战国秦汉时期的长城恰好也经过这些石城附近，所以有的考古学家也把它们称作“原始长城”。

·夏朝、商朝与西周·

防守者的智慧

距今四五千年前，我们的祖先们用夯土、石块建造了很多古城。它们形态各异，面积有大有小，最大的可达400万平方米，相当于560个足球场那么大。

当时的人们不仅通过筑城来防御外敌，还想出各种各样的办法来增强城墙的防守能力。

陕西神木石峁古城遗址

石峁古城是用石块砌筑的，面积约400万平方米，是4000年前中国面积最大的古城之一。它由两圈城墙组成，内城里有宫殿。城墙里还镶嵌了很多玉器。

更早地发现敌人，做好准备

“天子命我，城彼朔方。赫赫南仲，猃狁（xiǎn yǔn）于襄。”公元前 9 世纪，在朔方的牧野，士兵们这样唱和着，为周宣王修建防御西戎部落猃狁进攻的列城。这种列城并不孤立，而是沿着地形巧妙排列，形成了一道互有联系的坚固防线。列城之间，通过“烽燧”信号系统，以燃烽烟或点烽火的方式来传递讯息。远处的列城看到烽烟或者烽火信号，就知道有敌情了。

烽燧在汉朝称作烽堠（烽候）、亭燧，唐宋称作烽台，于是人们把烽燧一词也引申为烽火台。明朝则一般称作烟墩或墩台。明朝的西北墩台，大的还有御敌的功能，小的则只用于瞭望，没有点烽火的功能。

烽火戏诸侯

传说周幽王的妃子褒姒长得很漂亮，但是从来不笑。为了逗褒姒开心，周幽王命人点燃了烽火。各地的诸侯见到烽火，以为敌人来了，纷纷率军来救主。

褒姒在城楼上看到赶来的千军万马，开心地笑了。可是匆匆赶来的诸侯发现根本没有敌人，这才明白原来自己受骗了。

后来，当敌人真的来进攻时，周幽王又命人点起烽火。可是诸侯以为这又是周幽王哄褒姒开心的把戏，就都没来。于是，敌人攻破了都城，杀掉了周幽王。西周王朝就这样灭亡了。

· 春秋战国时期 ·

从列城到长城

春秋战国时期，诸侯争霸，从修筑烽火台、列城，再到用城墙把它们连接起来，形成了“长垣”。有明确记载的最早的长城，是春秋后期齐国修建的从济水到海边的长城。而最新的考古研究认为，南方的楚国可能在公元前 600 多年就已经开始修建长城了。

互防长城的“军备竞赛”

各诸侯国的长城越修越多，范围越修越大，俨然演变成了各国之间以防守为主的“军备竞赛”。到了公元前 4 世纪前后，燕、赵、秦、魏、韩等国相继修筑了有防御作用的长城，我们现在把这些长城叫作“互防长城”。

东周和春秋战国是一回事儿吗

西周覆灭后，周幽王的儿子周平王将都城从镐京（今陕西西安）迁到东边的洛邑（今河南洛阳），之后的周朝便被称为东周。常常有人把东周等同于春秋战国，实际上东周灭亡之后，战国时代又延续了 30 多年，秦始皇才统一天下。

春秋战国时期各诸侯国相互征伐，并纷纷修建长城，从一开始修建相互防御的互防长城，到后来又修建抵挡游牧民族的北方长城，形成了中国历史上第一个大修长城的时代。

楚方城退敌

大约在公元前 656 年，齐桓公率领齐、宋、陈、卫、郑、许、曹一起攻打楚国。楚国派大夫屈完来讲和。

当屈完来到军队驻地召陵（今河南漯河）时，齐桓公与屈完一起检阅了庞大的军队。齐桓公炫耀道：“我率领这些诸侯军队攻打城池，什么样的城池攻不下？”屈完淡定从容地答道：“楚国有方城作为城防，有汉水作为护城河，您的人马再多，恐怕也没什么用处！”

后来，齐桓公见楚国的防御工事果然坚固，只好立盟收兵。屈完所说的楚方城在当时已不是孤立的城垣，而是连绵不断的、完整的防御工程。它是战国长城的开始，也是中国长城的发端。

小国的生存之道：中山长城

在今天河北正定、石家庄的西北方，曾有一个由鲜虞族建立的强悍小国——中山国。在它的周围是齐、燕、晋、赵4个强大的诸侯国，于是中山国也修筑了长城，来防范这些强悍的邻居。

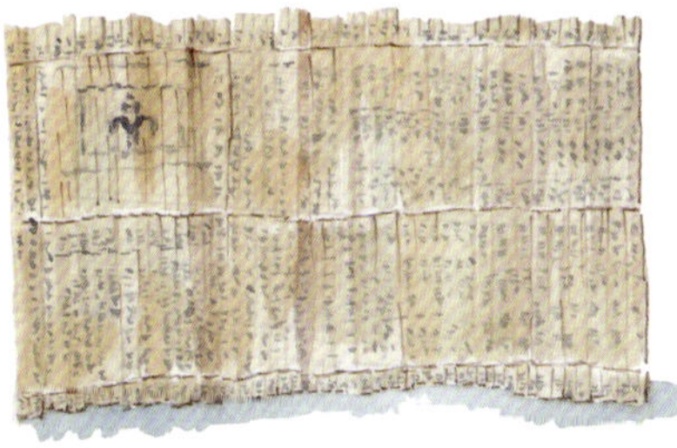

《清华简》

齐长城的文物线索

战国竹简《清华简》明确记载了齐国修筑济水长城的时间在春秋后期，而出土于洛阳的驫羌（biāo qiāng）钟则记述了一场战国初期的重要战役——平阴之战，说的是三晋联军讨伐齐国，攻入齐长城，在平阴大胜齐军的事情。

这两件文物的记述证明，齐长城早在春秋时期就已经建成了。

驫羌钟

列国长城都是用什么修造的？

列国长城的修造基本都是因地制宜，就地取材。平地土料多，就用黄土一层一层地夯；山地石头多，就用石块一块一块地垒。要是地形条件好，还会就着地势修建成山险墙、劈山墙。但在春秋战国时代，还没有哪个诸侯国掌握了修建砖石长城的技术。

抵御北方的强敌

战国时期，位于北方的东胡、匈奴等游牧民族日渐强大。他们逐水草而居，行踪无定，看到南边国家的良田沃野，就时常南下抢掠一番。于是，与这些游牧民族接壤的秦、赵、燕三国就在北方边境筑起了长城，划出了游牧和农耕的界线。北方长城比互防长城还要长很多，为后来连缀形成万里长城奠定了基础。从此，中国长城的轮廓逐渐清晰起来。

卧底的秦开与燕北长城

燕国位于中原东北部，与北方的东胡、山戎相邻。东胡人经常南下抢夺财物，让燕国非常头疼。于是，燕国把名将秦开作为人质送给东胡，以求暂时的安定。秦开不仅赢得了东胡人的信任，还把东胡的地理环境、风俗习惯，特别是战术情况了解得一清二楚。

回到燕国后，秦开率军大破东胡，把他们赶到千里之外。然后燕国修筑了东起于今河北北部、西止于今辽东东部的燕北长城，用以守护燕国的北方领土，防范东胡。

胡服骑射与赵北长城

赵武灵王是一位思想开明、敢于革新的君主，善于学习其他民族的长处。他不顾皇亲国戚和达官贵族的反对，发布了“胡服骑射”的命令，让军队学习胡人骑马射箭的本领，并让全国上下都由穿原来宽袍大袖的服装改穿胡人短袖窄袄的紧身装束，由此不仅使赵国人的生活起居更加方便，而且使军队作战更加灵活迅捷。很快，赵国拥有了一支强大的骑兵，成了强盛的国家。

同时，赵武灵王还积极备战设防。他下令在赵国的北方修筑了长约 650 千米的长城。时至今日，赵长城的遗址仍宛如长龙隐约匍匐在大青山、乌拉山、狼山之间。

义渠恩怨与秦昭襄王长城

义渠是西方羌戎民族的一个分支建立的政权，是秦国西北方的邻居和强劲对手，与秦国较量了 400 多年。

公元前 306 年，年幼的秦昭襄王被立为国君，他的母亲宣太后摄政。宣太后请义渠王来甘泉宫住，并对他热情款待，使他放松了对秦国的警惕。公元前 272 年，宣太后在甘泉宫杀了义渠王，之后便发兵攻打义渠，把陇西、北地、上郡三郡纳入了秦国的版图，并命人在六盘山以北修筑了一道长城——秦昭襄王长城。

从防守到防护

燕、赵、秦三国要抵御强悍的游牧民族，所以特别注重戎装甲胄的制作和革新。燕国可谓是当时的甲胄技术最强国。燕国人将当时先进的冶铁工艺与传统的皮甲编缀工艺相结合，制造出领先于列国的铁兜鍪（móu）（铁胄）。赵国吸收胡人戎服的优点，对甲胄之下的戎服进行了改革，令其他各国纷纷效仿。秦国则为不同兵种制造出多种形式的防护装具，也引领了后世防护装具发展的方向。

从胄到兜鍪

战国以前的防护头具是用皮革做的，称作“胄”。在甲骨文中，“胄”字像极了一顶带盔缨的头盔。而随着战国晚期铁质防护装具的出现，古人开始用带金字旁的汉字“鍪”来命名铁胄，因此就叫它“兜鍪”了。

甲骨文里的“胄”字

秦朝

公元前221年，秦始皇在攻灭六国之后，建立了中国历史上第一个统一的封建王朝——秦。公元前214年，他命令大将蒙恬把战国时期燕、赵、秦三国的北边长城予以修缮并连接起来，俗称“万里长城”。

·秦朝时期·

始皇帝的雄图

秦始皇为了让这个国家更便于管理，废除了商周以来的封建分封制度，建立了中央集权的三公制度和地方机构的郡县制度，修建驰道、直道，连通首都与各郡；又颁布秦律，规范法度；还施行了“车同轨”“书同文”“行同伦”等一系列办法，使中国有了统一规范的车辆标准、文字形式、货币标准和度量准则，并且要求全国上下的思想言论都要统一。

为了解除匈奴对秦的威胁，秦始皇派蒙恬将军率30万大军攻击匈奴，迫使匈奴向北迁徙，并修筑长城防止匈奴再度南下，还下令让很多内陆的百姓和罪犯迁徙到北方边境地区定居，屯田种地，保卫边疆。

秦始皇

秦始皇嬴政（公元前259年—公元前210年），首次完成中国大一统的政治人物。

“皇帝”的由来

“三皇”和“五帝”是传说中远古时代的伟大的人物。他们可能是神话传说中的人物，也可能是部落首领。秦王嬴政认为自己的功绩比三皇五帝还要大，因此命令大臣称自己为“皇帝”。从此以后，中国的帝王就都叫皇帝了。

修城与毁城

人们提到万里长城的时候，往往把它同秦始皇的名字联系起来，认为长城全都是秦始皇时期修造的。实际上，秦始皇对长城做了两件事：修城与毁城。

一方面，他把战国时期燕、赵、秦三国修建的北方长城联结修葺，形成了西起临洮（今甘肃中部），东到辽东（今辽宁）的万里长城。

另一方面，他下令拆毁了内地诸侯国修筑的互防长城和关隘等防御设施，以利于国家的统一。秦始皇第四次出巡视察东北和北方边境，到达碣石山（位于今秦皇岛市境内）时，让丞相李斯代他写下一篇《碣石门辞》，把“毁城”这件事镌刻到了渤海边的石头上。

· 秦朝时期 ·

秦朝的覆灭

秦始皇统一六国之后，采取了非常多的措施以确保秦帝国能够千秋万代地传承下去。可是，秦始皇死后短短三年，秦王朝就灭亡了，坚固的长城也没能保住秦始皇的江山。它是怎么灭亡的?

大工程的功与过

大秦王朝才刚建立，就不断征发民力，兴建了好几个浩大的工程：修长城、通驰道、凿灵渠、建皇陵、筑阿房。虽然长城、驰道、灵渠这些都是有利于国家安全和统一的伟大工程，但突然做这么多事，不仅劳民，而且伤财，这使得老百姓生活困苦，怨声载道，最后被逼到奋起反抗、揭竿起义的地步。

所以有人说，这些大型工程的建设是导致大秦帝国陨落的原因之一。你觉得这个观点正确吗？你觉得是哪些原因导致了秦的灭亡呢?

贾谊的《过秦论》

“秦以区区之地，致万乘之势，序八州而朝同列，百有余年矣；然后以六合之家，崤函为宫；一夫作难而七庙隳(huī)，身死人手，为天下笑者，何也？仁义不施而攻守之势异也。”

汉代贾谊的著名政论散文《过秦论》，从各个方面分析了秦王朝的过失，总结了秦朝迅速灭亡的历史教训，得出了秦之灭亡在于“仁义不施”的结论。

农民起义

秦朝末年，陈胜、吴广等士兵被征发前往渔阳守卫长城边境，因为中途被瓢泼大雨阻挡了前进的路，不能如期到达目的地。按照当时的律法，不能如期到达是会被杀头的。于是，陈胜、吴广就杀死押解戍卒[①]的军官，喊着“伐无道，诛暴秦”的口号，发动了兵变。这场著名的农民起义敲响了秦帝国的丧钟。

孟姜女哭长城的传说

有一个“孟姜女哭长城”的民间传说是关于秦始皇修长城的，说的是秦始皇强征了很多民夫去修建长城，这里面就有孟姜女的新婚丈夫范喜良。孟姜女跋山涉水来到长城边给丈夫送寒衣，却没想到范喜良已经因饥寒劳累生病而死，被埋在长城墙下。孟姜女痛哭三天三夜，把这段长城哭倒，露出了范喜良的尸骨，孟姜女安葬完丈夫后投海自尽。

这个传说最早源于《左传》，原本讲的是齐国将军杞梁战死，他的妻子在哀痛之际仍能以礼处事，跟秦始皇和长城没有任何关系。后来经过历朝历代的改编演绎，演变成了现在我们熟悉的版本。

① 戍卒：驻守边疆的士兵。

汉朝

汉朝为了防御匈奴，沿用了秦朝的长城，又把它向西延伸到了玉门关，并在西域的丝绸之路沿线修建了一系列的烽燧和城障。汉朝还建立了完善的烽火燃放制度。

昭君出塞

汉元帝时期，一个名叫呼韩邪的单于在匈奴的内战中处于不利地位。公元前 54 年，他率众归附汉朝。呼韩邪向汉元帝请求迎娶一位汉朝的公主。汉元帝不愿将自己的女儿嫁给单于，便从后宫中挑选了一位宫女嫁给他。这位宫女名叫王嫱，字昭君。她到匈奴后，把汉朝先进的文化传播到草原上，成就了一段汉匈人民友好交往的佳话，史称“昭君出塞”。

· 汉朝时期 ·

巍巍汉塞

汉朝是中国历史上最强大的王朝之一。但是由于连年战争，汉朝初期国力衰弱。开国皇帝刘邦的马车甚至配不全 4 匹同样颜色的马，将军和大臣只能乘坐牛车。

当时，汉朝没有力量和匈奴抗衡，于是便采取了与匈奴和亲的政策——把公主嫁给匈奴的单于，来维持短暂的和平。同时，汉朝决定重新修葺和利用秦朝的长城，并进行扩建。最终，汉长城向西延伸至西域，成为中国历史上同时使用的长度最长的长城。

从防守到反击

尽管和亲政策使长城沿线没有了大规模的战争，但匈奴还是会时常骚扰汉朝边境。匈奴骑兵在长城沿线四面出击，神出鬼没。汉朝的士兵往往还没反应过来，敌人就已经撤退了。住在长城边的老百姓经常被抢劫和屠杀，生活十分悲惨。

到了汉武帝执政的时候，他决心向匈奴发起反击。他采取军事改革措施，挑选精兵强将，鼓励百姓养马，通过多年的训练和选拔，建立了一支可以与匈奴对战的骑兵部队。他一方面下令汉军向匈奴发起进攻，一方面命令张骞出使西域，联合大月氏夹击匈奴。张骞历尽千辛万苦，与大月氏取得了联系，但大月氏人已经在当地落叶生根，过起安定的生活，不再渴望回到故土了，因此汉武帝东西夹击匈奴的战略没有达成。

丝绸之路

欧亚大陆上的人们在远古时期就有交往。张骞出使西域，从长安经过河西走廊和西域到达大月氏，打通了从东亚到中亚的道路，也使亚欧大陆的贸易路线全线贯通。人们把东方的丝绸、瓷器、茶叶等物品和西方的香料、马匹进行交换。19 世纪 70 年代，德国地理学家李希霍芬最先把这条道路称为“丝绸之路”。

绝妙的修建方法

汉朝收复了河套地区，掌控了河西走廊，版图向西扩展到西域（今新疆、中亚等地区）。于是，汉朝的长城也从甘肃临洮延伸至西域。长城发挥了保卫新的疆土和丝绸之路的作用。汉朝的长城比秦朝更长，建筑设施更丰富，防御更科学，体系也更完善。

汉朝的长城大多数是用夯土和石块建造的。但西北边疆只有大片的沙漠和戈壁滩，找不到用来建长城的黄土和大石块。于是，聪明的汉朝人想了一个绝妙的方法：他们把松软的沙土、碎石和当地的胡杨树、梭梭树的树枝、芦苇等相间铺垫，以这样的方式一层一层地建起了长城的墙体。就是这些用最普通的材料建成的长城，历经了 2000 多年的风吹雨打，至今仍然屹立不倒，非常坚固。

2000 年前的档案

从 19 世纪末开始，西方的探险家和中国的考古学家在甘肃、新疆和内蒙古的长城遗址陆续发现了数万枚汉简。汉简的内容包罗万象，涉及汉朝时代长城沿线的军事、政治、科学、文化等，为我们生动地描绘了一幅幅 2000 多年前的边疆生活画面。

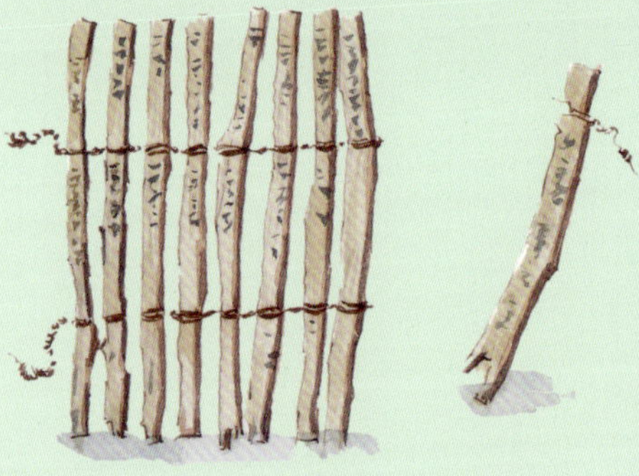

长城沿线发现的汉简

汉朝也有军区

通过研究汉简，考古学家告诉我们，汉朝的军事管理制度非常严密。当时已经出现了“军区”，被叫作“都尉府”，每个都尉府管理几个“候官”，每个候官又管理几个“部”，每个部管理 6 到 8 座烽火台。汉朝人把烽火台叫“烽燧”。每座烽燧有 1 个燧长和 3 个燧卒。

神奇的烽火信号

汉朝的烽火台已经能够通过不同的信号准确地传递敌情。考古学家在甘肃和内蒙古西北的居延遗址发现了一个叫作《塞上烽火品约》的汉简。“品约”就是“管理规定”的意思。

《塞上烽火品约》是现存最早的烽火管理制度，里面规定了“蓬”“苣”“积薪”“幡”“表”等很多点燃烽火的材料和配套的信号传递工具。通过点燃不同种类和数量的烽火，配合不同的信号旗帜，汉朝的军队就可以准确地知道敌人的数量。

守长城的武器

戟：一种由戈和矛组成的复合型长兵器，可以砍、刺。

甲胄：汉朝的甲胄有皮甲胄和铁甲胄之分。这时的甲胄都是由小片编成的，更加灵活，防护效果更好。

弁：古代男子戴的帽子。军士戴的弁称为武弁。武官的弁有时在两侧插鹖鸟的羽毛，称为鹖冠。

弩：战国时期出现的一种远射程武器，这是一种增加了机械发射装置的弓，就像现在的步枪。据说射程最远能达到数百米。

勾镶：汉代特有的一种攻防两用武器，用铁制成，中间是一块小盾牌，盾牌中间有一根突出的刺，上下各延伸出一个铁钩。

环首刀：一种剑柄末端带环的直刃长刀，经过反复折叠锻打和淬火制成。

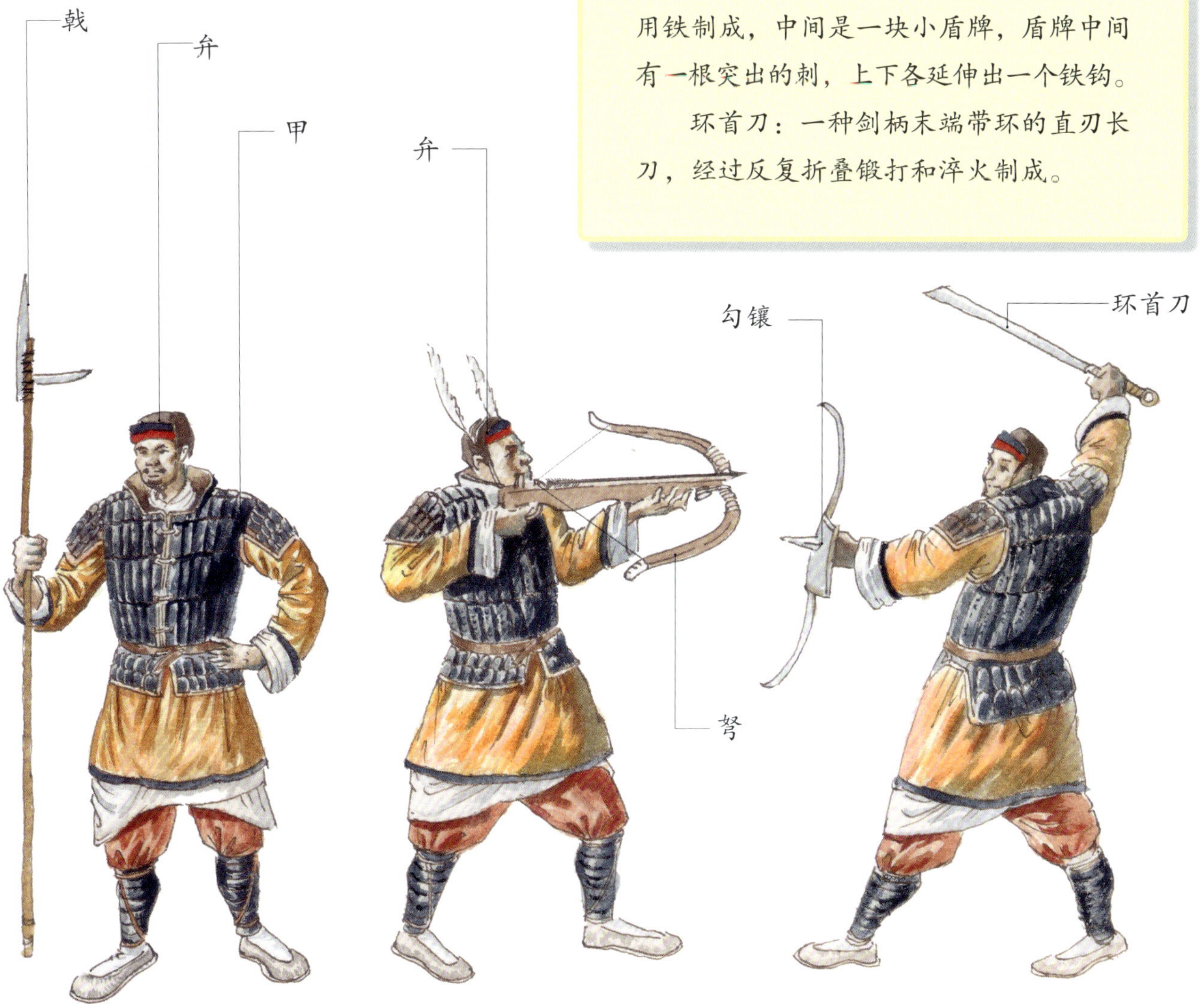

· 汉朝时期 ·

汉长城守军的管理

汉朝的长城守军有着很严格的身份制度、武器管理制度、考勤制度等。汉简中还发现了汉长城守军的“户口本”、被称作“守御器簿”的武器清单和叫作“日迹簿”的考勤记录。士兵的户口本里面记载了他们的家庭住址、爵位、姓名、籍贯、身高、容貌，以及家庭情况。

长城守军们来自全国各地，有些在今甘肃守长城的士兵甚至来自遥远的今河南或山东。

汉长城守军的日常生活

通过研究汉简，我们还发现，汉朝的普通士兵和百姓一样也过着日常生活。有很多士兵和家人一起生活在边疆，他们也会去饭店、娱乐、购物，甚至还会打官司。

士兵身份大解密

“居延县市阳里簪徐并年廿五，为人黑色长七尺五”

家庭住址：居延县市阳里

爵位：簪褭（zān niǎo）

姓名：徐并

年龄：25 岁

相貌特征：黑脸

身高：七尺五寸（约 1.73 米）

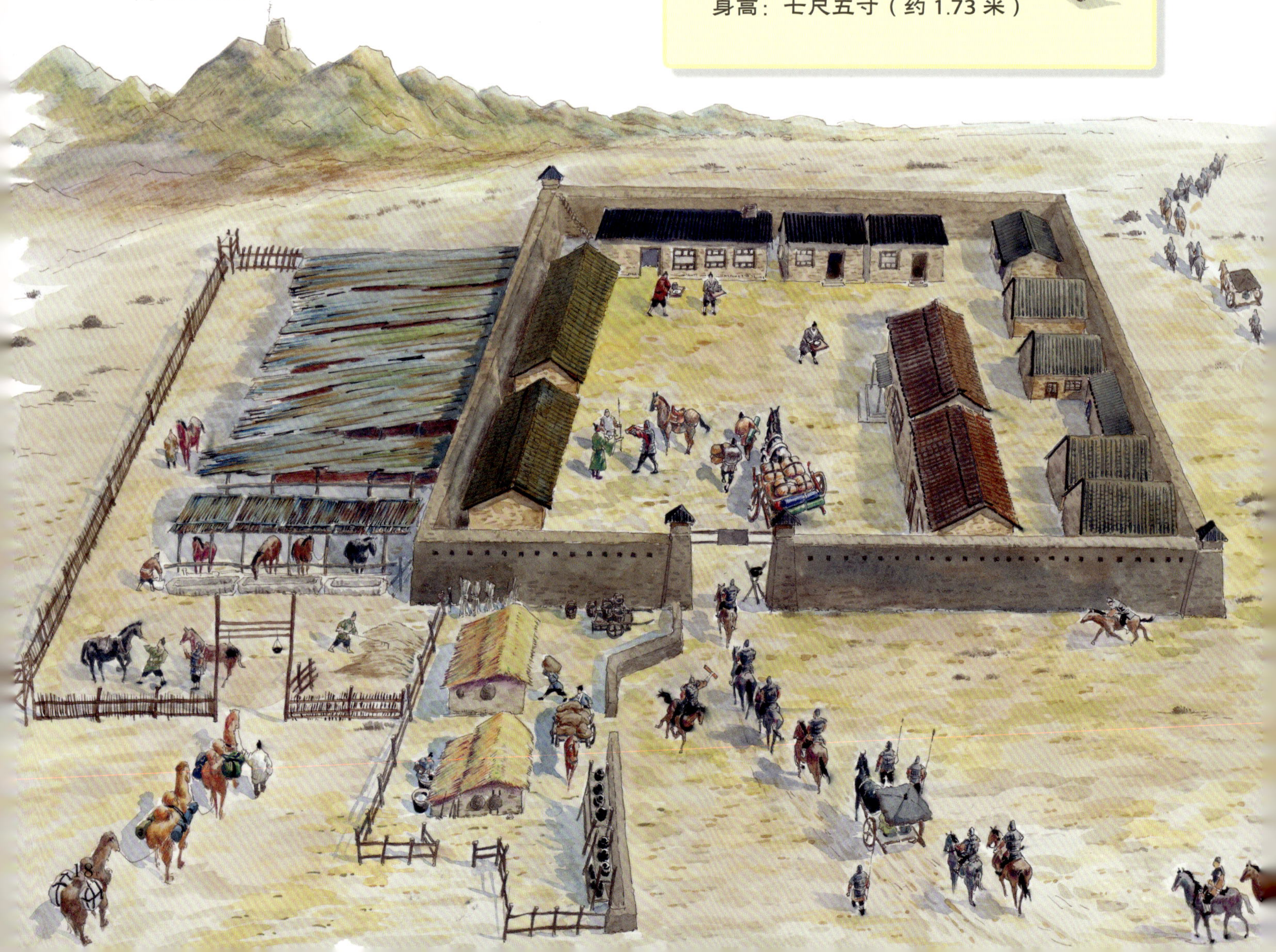

忙碌的汉朝士兵

汉简还告诉我们，汉朝时代的守军有很多工作要做。除了日常的防守和训练，他们还要负责长城的修建、维护、除沙、巡逻，并进行“屯田”（即从事农业生产，为部队提供粮食），以及制作简易的防守器具（搓麻绳、制作弹丸等）。一些烽火台被称为“亭”“驿”“置”，它们就相当于今天的招待所和邮局。那里的士兵还要负责迎来送往和邮递信件。

20 世纪 90 年代，考古学家在甘肃悬泉置遗址还发现了一份接待官员的食品清单。

2000 年前的食品清单

公元前 61 年，汉朝名臣长罗侯常惠率领一支庞大的使团出使乌孙（位于西域西北方的一个古国）。悬泉置遗址出土的汉简就记载了当时接待使团的食品清单。根据汉简的内容，他们在经过悬泉置的时候一共吃了 5 只羊、10 只鸡、36 斤牛肉、20 多斤小米、10 条鱼、1400 多斤大米，还喝了 588 斤酒！

封泥

汉朝的时候，人们用竹简写信。当时没有信封，人们就在竹简上做一个格子，把竹简用绳子捆好后，将一小块泥贴在上面，再盖上寄信人的印章，这样外人就不能随意打开它了，这就是“封泥”。

十三将士归玉门

玉门关是汉朝时代墙体的最西端，再往西是大片沙漠和零星的绿洲，所以汉朝在西域没有建长城的城墙，而是沿着道路修建了一座又一座烽火台。

东汉时，北匈奴单于派两万名骑兵进攻西域的车师国。车师国抵挡不住，向匈奴投降，背叛了汉朝。有个叫耿恭的人率领数百名汉军驻守在金蒲城（今新疆吉木萨尔北）。匈奴将他们围困，并发动进攻。耿恭率军与两万名匈奴骑兵坚持战斗了一年，直到粮绝，始终没有投降，终于等来了援军，最终打退了匈奴。这时，城里只剩下了 26 名士兵。等他们回到玉门关的时候，只有 13 个人活了下来。

· 知识链接 ·

罗马帝国的长城

在丝绸之路的另一端，也有一个强大的帝国，这就是罗马帝国。罗马帝国最强盛的时候占据了整个地中海。他们也修建了像长城一样的军事工程，全长达到 5000 千米，统称“罗马帝国的边界”。其中以今英国的哈德良长城、安东尼长城和今德国的日耳曼边墙最为著名。

哈德良长城

122—127 年由哈德良皇帝下令修建，横贯不列颠省北部（今英国中部），全长约 117 千米。

安东尼长城

142—154 年由安东尼皇帝下令在哈德良长城北部修建，全长 59 千米。

日耳曼边墙

位于今德国北部，是罗马帝国边疆的一部分，全长 568 千米。

哈德良长城的组成

哈德良长城由墙体、箭塔、里堡和要塞组成，这些设施由一条条的军事公路连接起来。

墙体：分石墙和土墙两种，宽 3 米左右。

箭塔：墙体上每隔一段距离建有一座方形的箭塔，分为上下两层，士兵可以居住在里面。

里堡：哈德良长城沿线每隔 1 罗马里（约 1.49 千米）建有一座里堡，南北两侧各有一个城门。

除此之外，哈德良长城沿线共有 16 座大型要塞，它们外形都差不多，平面是呈圆角的长方形，四面开门。里面主要的建筑有指挥中心、指挥官官邸、医院、粮仓、营房和公共厕所，还有横平竖直的街道。

南北朝

汉朝之后的两个世纪，中国相继经历了三国鼎立、西晋短暂统一和东晋十六国的大分裂。北方的分裂和战乱使各古代政权都无暇修建长城。4世纪后期，鲜卑族拓跋部建立了北魏。439年北魏统一了中国北方。之后北魏分裂为东魏、西魏，又分别被北齐、北周取代，统称为北朝，与南方的宋、齐、梁、陈4个朝代并立，因此这一历史时期称为“南北朝”。

鲜卑人进入中原后，接受了农耕文明先进的生产方式，逐渐融入了华夏民族。为了防备北方草原上的游牧民族和南方汉族割据政权的进攻，他们也开始修建长城。

孝文帝改革

北魏孝文帝拓跋宏热爱中原文化，他下令改革鲜卑民族的风俗，命令鲜卑贵族说汉语，与汉族通婚，穿汉族的衣服。他还把自己的姓氏从“拓跋”改为“元”，把首都从平城（今山西大同）迁到了洛阳（494年），从此鲜卑族逐渐融入了汉族。六镇长城可以说是迁都洛阳的配套工程，也是牧民变成农民的见证之一。

·南北朝时期·

其他民族也有长城

不仅汉族统治的王朝修建过长城，北方游牧民族建立的北朝政权也在北方修建过许多长城。这些长城主要是为了防御和抵抗北方草原地带的游牧民族和南方的汉族政权。北朝时期修筑的长城大部分分布在秦汉长城以南，后来基本上被明朝沿用了。

牧民变成了农民

西晋建立没多久，内部就出现了大乱，于是匈奴、鲜卑、羯、羌、氐5个游牧部落的联盟，趁着中原混乱不堪，大举入侵，建立了大大小小许多个政权。

其中鲜卑族的拓跋部建立了代国，后来又改国号为“魏”，完成了中国北方的统一。在这一过程中，他们推行了一系列学习中原文化的政策，生产方式也逐渐从游牧转为农耕，适应定居的生活。到南北朝末期，鲜卑族已经与汉族没有什么两样了。

鲜卑族服饰

汉族服饰

不断向北推进的北魏长城

北魏曾经先后几次大规模修筑长城。

最早修筑的“泰常八年（423 年）长城”，是为了防御北方柔然民族的侵扰，主要分布在阴山南麓。之后北魏政权又陆续在都城平城以北、阴山以南建立了沃野、怀朔、武川、抚冥、柔玄、怀荒 6 个军事重镇，由军功赫赫的强兵驻守。

第二次修筑的长城，叫作“畿上塞围”，这里的“畿”是指都城一带，“塞”则指长城。当时居于漠北的柔然仍然实力雄厚，南方的刘宋王朝也不可小视。所以有人说，修筑“畿上塞围”是为了把都城平城围绕一圈保护起来。

最后是孝文帝在太和年间（477—499 年）修筑的两道长城。他先让人在六镇以北修筑了“六镇长城”，又在滑盐县（今天的河北省滦平县一带）以北挖掘了一条“太和长堑”，这两道长城共同构成了北魏最北端的军事防线。

我们能看到，北魏修筑的长城防线是随着国力的增强而不断向北推进的。在柔然势力还很强大的时候，修建在靠南一点的阴山南麓；429 年大败柔然之后，建立六镇，把防线向北推进到了阴山以北；在太和盛世时期，进一步把长城修筑在了更靠北的边境。

骑兵戍边

与之前汉民族政权不同的是，北朝在长城戍防区驻扎着一支擅长骑射、规模庞大的骑军。这支驻军的士兵来自多个民族，包括鲜卑族、汉族和被征服地区的其他游牧民族。

北魏大分裂

北魏末年，六镇发生了兵变，军阀乘势崛起，掌控了朝政，谁当皇帝也由军阀说了算。534 年，军阀高欢在邺城拥立元善见为皇帝。535 年，军阀宇文泰在长安立元宝炬为皇帝。从此，北魏就分裂为高欢控制的东魏和宇文泰控制的西魏，形成对峙局面。后来，东魏被高欢的儿子高洋建立的北齐所取代，西魏被宇文泰的儿子宇文觉建立的北周所取代。

东魏长城

东魏政权在统治期间修过两次长城。第一次是在武定元年（543 年），高欢在肆州（现在的山西省忻州市）北山修筑的长城，主要是防御北面的山胡、柔然等少数民族。第二次是在武定三年（545 年）修筑的长城，这段长城也是高欢监督修筑的，他还亲自到实地检查工程质量，所以这段长城相当牢固。

六镇之乱

孝文帝迁都洛阳之后，北方六镇的地位下降，军民待遇大不如前，引起了怨气和不满，最终爆发了“六镇之乱”。

北齐长城

齐文宣帝高洋建立北齐之后，先后率军打败了柔然、突厥和契丹。为了加强北方边防，同时防御西边的西魏（后来是北周），北齐政权曾多次修筑长城。皇帝高洋还亲自勘察过修建长城的地形。

据历史记载，北齐长城总长度接近 7000 里（约 3500 千米），著名的司马台、古北口、八达岭、金山岭等明长城都是利用北齐长城的旧线路修筑而成的。

北周长城

北周逐渐强盛，于 577 年灭北齐，统一了中国北方。为了防御突厥，北周统治者在 579 年命人修筑长城，这段长城应该是在现在的太原以北地区，基本上是对前代修筑的长城进行修补，继续沿用。

古北口长城的由来

天统元年（565 年）时，北齐王朝已经江河日下，没有实力再去征讨北方了，只好被动防御，于是修筑了库推戍至海的外线东段长城。库推，后来转音为“虎北”，再后来又转为“古北”，也就是今天北京的古北口长城。

隋唐

隋朝在汉朝灭亡360多年后再一次统一了中国，并对南北朝时代的长城进行了修缮利用。

唐朝建立后，政治比较开明，使得中原政权和北方游牧民族关系相对缓和，因此唐朝政府并没有大规模修建长城，但在北方边疆地区设置了很多军镇和一些零星的长城工程，还在西域修建了大量的烽火台和戍堡。

失落的帝国

隋朝是中国历史上一个很重要的朝代。它完成了中国的统一，建立了“三省六部制”和“科举制”，后来的政权都沿用了隋朝的制度；隋朝还修建了壮丽的“大兴城”、长城，并开凿了京杭大运河，为唐朝的强盛奠定了基础。隋朝历史只有短短几十年，所以名气不如唐朝大。

隋朝为了防御突厥，从建国第一年就开始修长城，前后至少修了7次，从榆关（山海关的前身）一直修到了今天的银川，总长共有3000多千米。但是隋长城的遗迹很难寻找。隋朝历史很短，不可能新修那么多长城，很可能是对南北朝时代长城的修补。

大运河

隋炀帝下令修建了世界上最长的人工运河，它从余杭（今浙江杭州）一直通到涿郡（今北京的部分区域、河北涿州），全长 2700 多千米。大运河连接了黄河流域和长江流域，促进了南北地区的政治、经济和文化的交流。

中原地区的粮食和军队通过运河输送到北方边疆，也对长城防御和军事行动提供了后勤支持。

大运河的修建可以说是“罪在当代，功在千秋”。隋炀帝好大喜功，他在位的时候接连开展了修建长城、大运河、大兴城、洛阳城等很多大型工程。虽然这些工程对后世的发展起到了积极的作用，但在当时劳民伤财，激起了人民的反抗。最终，隋朝在风起云涌的农民起义中灭亡。隋炀帝也在运河巡游时被部将杀死。

大兴城

隋朝初立之时，长安城已经很破败了，所以隋文帝下令在旁边建立了新的都城“大兴城”。大兴城规制雄伟整齐，城里横平竖直的道路，就像一个棋盘。城中设有宫城和皇城，有 108 个里坊，还有东西两市。到了唐朝，大兴城又改称长安城。

里坊

在古代，中国城市被分成很多封闭的居住区，这样的居住区就叫作里坊，又被称为“里”“坊”。每个里坊都有围墙和大门，晚上大门关闭，不许进出。宋朝后，虽然还有里坊建制，但已经没有坊墙和坊门了。

· 隋唐时期 ·

开放的时代

唐朝是一个很“洋气”的朝代。当时人们把来自西北等地的外国人称为“胡人”。很多胡商沿着丝绸之路来到唐朝做生意，并带来了他们的文化和艺术。胡人的服装、日用品和歌舞成为当时的宫廷时尚。还有胡人在朝廷里做官，甚至当上了大将军。

客使图

这幅唐朝的壁画描绘了唐朝的外交机构鸿胪寺的官员接待外国使节的场景。各国使节排队等待觐见皇帝。其中一个胡人身穿翻领的衣服，有点像今天我们穿的西装。很多唐朝人也喜欢穿这样的衣服。

边塞诗

中国古典诗歌有一个重要的类别叫作“边塞诗”，是描写边关地区的风光、战争和军民生活的。唐代是边塞诗发展的鼎盛时期，涌现出大量优秀的诗作，像点点繁星闪耀在唐诗的银河之中。

出塞二首·其一

［唐］王昌龄

秦时明月汉时关，
万里长征人未还。
但使龙城飞将在，
不教胡马度阴山。

译文：依旧是秦汉时期的明月和边关，守边御敌、征战万里的将士们还没有回来。倘若那卢龙城的“飞将军”李广如今还在的话，就绝不会让匈奴的骑兵度过阴山南侵了。

这首诗苍凉悲怆，意境深沉，写出了古来边塞上漫无休止的民族冲突，也表达了对古代名将的追思之情，被称为唐代七绝的压卷之作。除了这首诗，你还知道唐代有哪些描写长城的诗吗？

唐朝的长城

唐朝虽然很少修长城，但也不是完全没修过。根据史书记载，唐玄宗时候的宰相张说（yuè）曾经修建过从今天的张家口到北京北部一带的长城。不过，我们今天仍不清楚这段长城的具体位置。

另外，唐朝重新控制了西域，并且在当地的丝绸之路沿线修建了很多烽燧。

修还是不修

李世民刚刚即位的时候，唐朝也面临着北方少数民族的威胁。有一次，突厥骑兵还直抵长安城下。于是有大臣提出了修长城的建议，但是唐太宗并没有采纳。他认为，隋朝大修长城，后来还是灭亡了，于是他采取了开明的政策，通过和北方民族建立友好关系，促进边疆的安定。

克亚克库都克烽燧

2019 年，新疆的考古工作者在尉犁县沙漠中发掘了一处名叫“克亚克库都克”的烽燧遗址，出土了大量文物。其中最重要的是写有文字的纸张和木简。它们提到，这座烽燧在唐朝的时候名叫“沙堆烽”，由唐朝“安西四镇”之一的“焉耆镇”管辖。

安西四镇

唐朝前期在西北地区建立了安西都护府和北庭都护府管辖西域。安西都护府统辖有碎叶、龟兹、于阗、疏勒 4 个军镇，后来碎叶镇又改为焉耆镇。

《烽式》

《烽式》是唐朝兵部制定的烽火台管理制度。烽火台所设担任望视敌情动静的士兵被称为烽子。《烽式》规定，边城每 15 千米建一座烽火台，每座烽火台由 6 个烽子守卫。其中 5 人负责瞭望，1 人负责通信。《烽式》还规定了点燃烽火的工具和方法。

敌人数量	烽火数量
50~500	1
500~3000	2
3000~10000	3
＞10000	4

宋、辽、西夏、金

10—11 世纪，中原的北宋、北方游牧民族契丹族建立的辽朝、党项族在河西走廊建立的西夏，形成了“三足鼎立”的局面。

辽朝为了截断中原和东北的联系，在辽东半岛修建了长城。北宋为了防御北方骑兵冲击，就利用河流、沼泽在宋辽边界附近建立了一条“水长城”，又在岸边种植榆树，还在西北地区的宋夏边界开挖壕堑。

12 世纪前期，兴起于东北地区的女真族建立的金朝灭掉了辽，又占领了华北。宋朝退守淮河，不再修建长城。13 世纪初，蒙古族强盛起来。金朝和北宋面临无险可守的境况，于是他们在草原上开挖了数千千米的界壕。西夏则利用汉朝的旧长城建立了自己的防线。

·宋、辽、西夏、金时期·

草原丝绸之路与海上丝绸之路

五代十国时期，北方的契丹族首领耶律阿保机趁机统一草原建立了辽。几十年后，赵匡胤消灭了中原和江南的割据政权，建立了宋。在河西走廊，一个叫党项的民族建立了西夏。后来，女真族建立的金朝又灭掉了辽。这是中国历史上的又一个“三国”时代。

由于当时中国没有统一，丝绸之路被阻断了。但是东西方的交通并没有中断。在北边，人们通过广袤的大草原继续通商。在海上，宋朝的商船可以驶向非洲。南宋的时候，泉州成为世界著名的国际贸易港口，那里住着很多阿拉伯商人。

“南海一号”的秘密

“南海一号”是南宋初期一艘通过海上丝绸之路向外运送瓷器时失事沉没的木质古沉船，沉没地点位于今天的广东省。1987 年，人们在阳江海域发现了它，这是国内发现的第一个沉船遗址，共出土文物 18 万余件，对考古研究有极高的价值。

特殊的长城

修长城并不都是建墙，有时候也会挖沟。在地势平坦的地方，又宽又深的壕沟能够有效阻挡骑兵进攻，而且比建城墙更省力。这种壕沟被称为“壕堑”，其作用类似护城河，在汉朝就已经有了。宋朝和金的“长城”大部分都是壕堑组成的。

宋朝的“水长城”

宋朝的领土在今天的河北地区并没有到达长城脚下，而是位于河北中部的保定一带。这里地势开阔，无险可守，于是宋朝就利用易水河和白洋淀水系，在宋辽边境挖掘了一条壕堑。这条壕堑西起河北满城县北山，经清苑、高阳、雄县、霸州等地，东至渤海，全长 450 多千米。宋朝还在沿线修了 26 座碉堡、125 个军铺，派战船来往巡逻。“三关元帅”杨延昭镇守的“三关”就是这条水长城附近的瓦桥关、益津关和淤口关。

壮丽的遗存

女真族兴起于东北大兴安岭，过着打鱼狩猎的生活。后来建立了金，并且夺取了宋朝的大片土地。但是金朝的西北又面临着来自草原的一个新敌人——蒙古人的威胁。于是，金在西北边疆地区的草原上挖掘了很多条很长的壕堑，这就是“金界壕”。金界壕全长超过 4000 千米，和秦始皇修的长城长度相当。

金界壕的作用与长城相同，都是军事防御工程。但金界壕的建筑方式却别具特色，它没有砖石砌就的高大城墙，而是外掘深壕、内夯土墙，墙壕相辅，能有效防御骑兵。这既增强了防御能力，又能就地取材，节省了劳动力，是我国长城建筑史上的一大壮举。值得注意的是，与长城的单线形式不同，金界壕是多线并进。距北端起点不远的绰尔河右岸，界壕由一条分为两条，被称为内线、外线。

不只是壕

金界壕的宽、深都能达数十米。壕堑中挖出的土被堆在一侧或两侧，形成辅助的墙。墙上还建有“马面”。

神秘的西夏

党项族建立“大夏”国，汉人则称之为西夏。西夏根据汉字发明了自己的文字。西夏人骁勇善战，蒙古军队曾进攻西夏，但损失惨重。成吉思汗是在攻打西夏途中战死的。为了报复，后来蒙古军队不仅杀死了西夏的皇帝和王室成员，还把西夏的都城和王陵全部焚毁了，西夏文明从此消失了。

西夏文字

西夏也有长城吗

在西夏的北方边境也有一道长城。有人说是汉长城，也有人说是西夏修建的，但是史书中没有任何记载。

改写世界历史的钓鱼城

在重庆合川有一个叫钓鱼城的小城。南宋末年，蒙古大军征服了大半个欧亚大陆，钓鱼城是南宋的最后一个堡垒。宋军在这里坚守了 30 多年，还打死了一个叫蒙哥的蒙古皇帝。蒙哥大汗死后，远征欧洲的蒙古军队被迫撤退。钓鱼城改写了世界历史，也可以算是南宋最后的“长城”吧！

·元朝时期·

不修长城的朝代

元朝统一了长城内外的土地和人民，也就不需要修长城来防御北方了。对于以前的王朝所修建的长城，元朝也没有太多加以利用，只是将一些关口当作了驿站和盘查路人的关卡。不过，我们在现存的一部元朝地理总志《大元混一方舆胜览》中，还能看到用简易城墙符号标出的长城位置和走向。

元朝

元朝是中国历史上版图最大的朝代，它没有耗费人力和物力去修筑长城防范其他的民族，却设立了“四等人制”区别对待各族。老百姓在种种不平等待遇的压迫之下过得实在艰苦，只能拿起武器，反抗元朝的残暴统治。元朝最终被农民起义军领袖朱元璋率军推翻，只统治了中国不到100年就灭亡了。

《马可·波罗游记》中为什么没有提到长城

威尼斯商人马可·波罗在他的《马可·波罗游记》里，详细描述了元朝的繁盛景象，在欧洲掀起了“中国热”。哥伦布、达·伽马等大航海家，因为读了这本书而踏上了寻找中国的海上征程。

然而，这本书里并未提及中国的长城，很多人也因此怀疑他是否真的到过中国。因为按照他的行程路线，应该会多次经过长城。其实这并不奇怪，马可·波罗来到中国时正值元朝，大部分长城已经废弃，只剩下残垣断壁。

甘肃镇

甘肃镇是九边沿线最西端的重镇，北边是蒙古草原，南面是青藏高原，西面与西域地区相接，控扼河西走廊，是明朝西北边疆的战略要地，也是与西域和吐蕃进行友好贸易的窗口和纽带，起着保护丝绸之路和茶马互市的作用。

·明朝时期·

长城巅峰

明朝是中国历史上最后一个大规模修建长城的封建王朝，也是修筑长城历时最长、规模最大、防御格局最为完备的朝代。

目前经过调查认定的明长城，东起鸭绿江畔的辽宁虎山，西至祁连山下的甘肃嘉峪关，从沿海一直延伸到内陆穿越今辽宁、河北、天津、北京、山西、陕西、内蒙古、宁夏、甘肃、青海 10 个省（自治区、直辖市）的 200 多个县域，长达 8851.8 千米，绵延起伏，雄伟壮阔，是举世无双的文化遗产和伟大的古代建筑奇迹。

明朝

明朝非常重视北方的稳定和边防工事的建设，前后修筑了 18 次长城，并想了很多方法来加强长城的防御功能，沿北境设置了许多军镇，与长城相互配合，形成完整而严密的长城防御体系，使长城的修筑进入了成熟鼎盛期。

宁夏镇

宁夏镇位于现在的宁夏回族自治区境内，贺兰山东侧的黄河在这里转折向北，形成了一道“几”字弯，水势变缓，造就了适宜耕种的宁夏平原。宁夏镇的设立，就是为了守护这片被称为“塞上江南”的农耕区域。

固原镇

固原镇是最后设置的一个镇，位于六盘山一带，这里的清水河谷从战国时期就是北方游牧民族进入关中的重要通道。明代后期，河套地区逐渐被蒙古诸部占领，固原镇的军事地位变得尤为重要起来。

九边重镇
地表最长防线

除了大规模修建长城，明朝还沿北部边境设立了辽东镇、蓟州镇、宣府镇、大同镇、山西镇、延绥镇、宁夏镇、固原镇、甘肃镇九大军事管理区，也就是“九边重镇”，并把主要兵力都放在了九边，从而构建了一条我国历史上驻军最多、规模最大的边防体系。

延绥镇

延绥镇也叫榆林镇，是设立在陕北的军镇，主要作用是控制北方南下中原的河套通道。土木之变后，明朝失去了黄河天险，延绥镇军事地位上升，因此人们加强了边墙、军堡的修筑。

大同镇

大同镇是明代北边最早的三大军事基地之一，位于现在的山西省与内蒙古自治区交界之处，这是一条为防范蒙古部族南下进攻北京及中原各地而设置的外围防线，战略地位非常重要。

山西镇

山西镇也叫太原镇、三关镇。山西镇长城在宣府、大同两镇长城的南边，所以又叫“内长城”。山西镇有三个重要的隘口，分别是偏头关、宁武关，以及我们耳熟能详的雁门关，它们合称为内长城的“外三关”。

宣府镇

宣府镇也叫宣镇，是京师西北方向的第一条防线，是防御蒙古部族进入华北平原的咽喉要地，所以明朝在这里经常屯有重兵。宣府镇还是明军北伐的重要通道，明成祖亲征漠北，很多次都是经宣府镇出塞的。

辽东镇

辽东镇位于最东端，地域约相当于现在辽宁省的大部分地区，当初是为了加强京师的防御，在东北方向设立的军镇，除了防御北方的蒙古势力，还要防范东北的建州女真各部。

蓟州镇

蓟州镇简称蓟镇，负责京师和周边地区的防御，防区主要包括今天的河北东北部、天津北部和北京等地，明成祖朱棣把首都迁到北京后，蓟镇就成为京师北面的屏障，是九边防线上最重要的一镇，军堡密度最大，军事管理层级最多。蓟镇长城也修建得最牢固。

·明朝时期·

九边修筑大不同

明朝开始用砖来修长城，但砖不是明朝最主要的建筑材料。数千米明长城沿线，像八达岭那样的砖墙只有不到 400 千米，绝大多数段落依旧是用土筑和石砌的。修建长城一般是根据不同的自然地理条件，以及不同防区的战略地位，因地制宜，就地取材，选择不同的材料和构筑方法。

蓟州镇长城

明成祖朱棣把首都迁到北京后，蓟镇逐渐成为九边防线上最重要的一镇。到了明朝中后期，戚继光任蓟镇总兵时开始对边墙进行包砖加固，使蓟镇长城成为九边长城中使用砖包墙体最多、质量最好的部分。

宣府镇长城

宣府镇的军事地位也很重要，所以也修筑了不少砖石城墙段落。又因为防区的地形复杂多样，也有土墙、石墙、壕堑等形式的边墙。

辽东镇长城

辽东镇多山地和丘陵，边墙修筑形式多样。在山势险峻的地方，石材充足，就用山石砌筑，或者干脆劈凿自然山体作为边墙；在平原地区，一般会采用夯土墙、木板墙和砖墙；在山地森林资源丰富的地方，除了石墙和山险墙之外，还有一种木栅围成的木柞墙，这是明长城的一种特殊墙体。

木柞墙想象复原图

固原镇长城

固原镇位于六盘山一带，这里的明代边墙在山区地带以山险墙、劈山墙和壕堑为主，相对平坦的地方则修筑的是夯土墙和石墙。

延绥镇长城

延绥镇地处黄土高原北部，那里多是黄土沟壑山地和沙漠荒滩，所修筑的长城也就地取材，以夯土墙为主，山区则采用劈山墙、山险墙，挑沟挖壕等，只有一些城堡、敌台用砖石包砌。

甘肃镇长城

甘肃镇长城所经之地，地形地貌复杂多样，有山地、高原、平川、河谷，还有沙漠戈壁交错分布，边墙墙体大多是由黄土夯筑而成，戈壁地带的边墙用芦苇混合夯土版筑，山地则修筑石墙和壕堑。

·明朝时期·

最强防御体系

长城只是一道墙吗？

当然不是！城墙只是长城防御工事的一部分。除此之外，长城还包括壕堑、敌台、烽燧、驿站、关隘、城堡等很多种战斗设施、报警设施和生活设施。

边墙

明朝管长城叫“边墙”。为了使敌人不靠近边墙，往往会在墙外挖掘护城河和陷马坑。这些方形的陷马坑交错排列，很像“品”字，因此又被称为“品字窖”。

明朝的守军还会定期到长城外数百里的地方去将植被都烧光，这样远远就能观察到敌方骑兵的动向。

报警设施——烽燧

烽燧又叫烽火台，是自古就有的报警设施。到了明朝，烽火台除了燃放烽烟，还会根据敌人的人数和军情的紧急程度，采用不同的炮声和助燃措施，使传递的军情更加准确。

明朝的烽火台除了有负责横向传递军情的“沿边烽火台”，还有垂直于墙体分布的“内接烽火台”，负责将敌情从边疆传到内地。

敌台

边墙上每隔一段距离就有一座“碉堡”，明朝管它们叫空心敌台。

空心敌台由名将戚继光创建，里面可以藏兵、放武器。当敌军来犯时，守兵可以在敌台上居高临下地投石、射箭或开枪、发炮打击敌人。相邻的敌台还可以配合作战，组成交叉火力网，大大增强了长城的威力。

空心敌台并不是用来点烽火的，但在没有烽燧的地段，可以改造成烽火台使用。

戚继光

戚继光（1528—1588年），字元敬，山东登州（今蓬莱）人。戚继光曾和俞大猷等将领在西南沿海抗击倭寇10余年，是闻名天下的抗倭英雄。后来他被调往蓟镇长城担任总兵官。

他不但创建空心敌台、改造武器，而且加强军队训练，为明朝时代防御体系的最终完善做出了不可磨灭的贡献。戚继光守卫蓟镇16年，确保了京师和华北的平安。

敌台剖透视图

驿路与驿站

明朝从立国初年，就开始大力开筑通达的驿路，设置众多的驿站，以便飞报军情、转运军需，形成了除烽燧之外的另一个重要的边防军情传递体系。

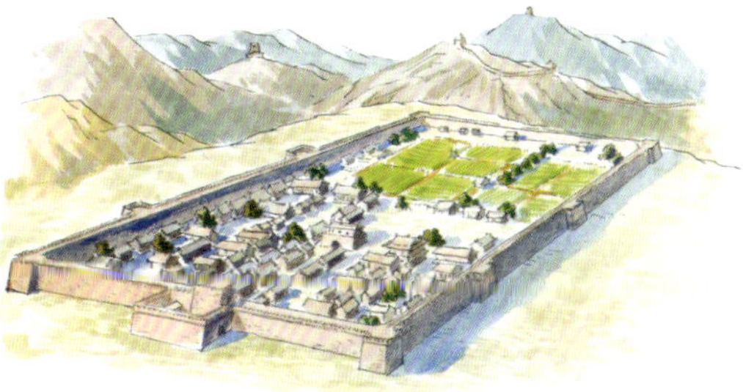

关隘

长城沿线有很多通向北方的“口”，于是明朝廷在长城上修建了很多的关隘，堵住山谷，截断河流，挡住通道，以此“把口关上”，所以关隘也叫关口。

人们还会在重要的关隘修建城池。明长城沿线的关隘有成百上千处。人们所熟知的山海关、居庸关、雁门关、娘子关等，都是明长城的著名关隘。

城堡

在明长城内侧，修建有1000多座驻军的城堡。它们大小各异，分为不同的等级，守军的指挥官级别和驻军数量各不相同。

明朝的火器

明朝初期，人们发明了很多火器，它们是当时世界上最先进的战争武器，甚至比清朝初期的火器装备还要强大。明长城守军配备的火器有将军炮、佛郎机炮等，有碗口铳、盏口铳、无敌手铳、手把铳等，还有快枪、石炮、雷石等其他各式火器。可惜到了明朝后期，政府腐败，明朝的火器发展停滞，渐渐落后于世界水平。

明长城脚下的生活

明代九边的驻军规模相当庞大，众多官兵的吃饭问题、马匹军需都需要妥善安排，不能光靠从内地运粮送马，所以明朝在九边沿线推行屯田和军牧制度。士兵们过的是劳动、训练和戍守相结合的戍边生活。

军牧

战马是中国古代战争中不可或缺的装备。明朝在九边沿线备有数十万匹马，也因此设置了许多马场。

屯田

屯田就是由军队自己耕种农作物，这样不但解决了军粮供应，还减轻了国家和老百姓的经济负担，节约了运输成本。可是，明朝的屯田制度没有得到很好的执行。底层屯田士兵经常受到军官的剥削压榨，造成士兵的反抗和逃亡。大多数屯田都逐渐荒废了。

马市

九边沿线不仅是边疆战场，还是中原农耕民族与北方游牧民族互市贸易的场所。九边各镇设置的贸易市场叫作“马市”。在马市上，蒙古人以牲畜、皮毛等畜牧业产品，女真人以人参、鹿茸、貂皮等土特产，换取内地的绸缎、布匹、茶叶、针线等生活用品。马市对促进长城内外各民族的经济、文化交流以及和平共处，起到了非常有益的作用。

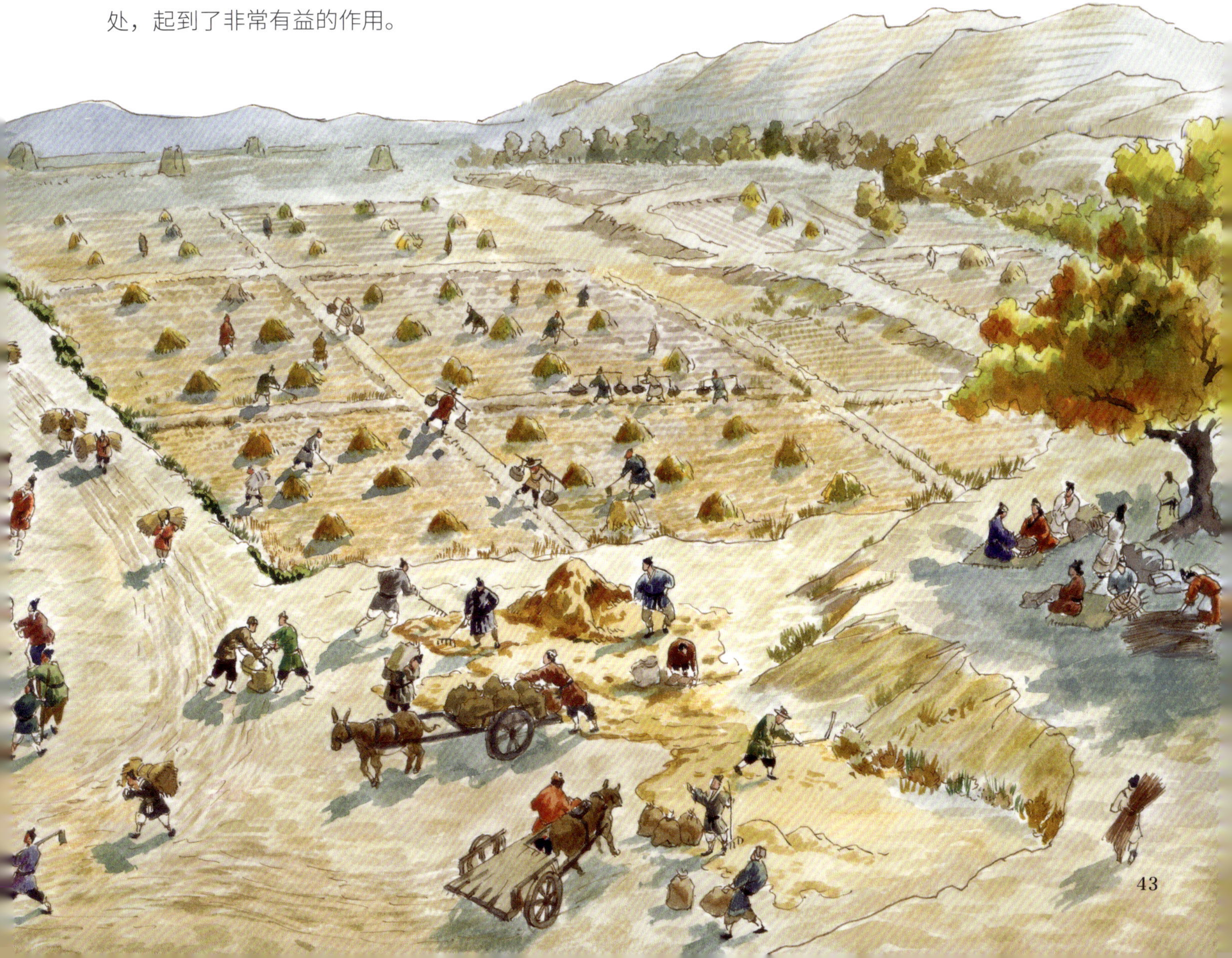

清朝

清朝时，中原和蒙古不再是敌对关系，而是成为统一的多民族国家的两个组成部分。长城远离边疆失去了国防功能，但并未完全废弃。

·清朝时期·

失去国防功能的长城

17 世纪，生活在东北地区的女真族（满族）建立了清朝。清朝的版图比明朝要大得多，明朝的敌人蒙古也被清朝征服了，原来分布于长城两侧的土地在元朝之后又一次归为同一个国家所有。

明朝的旧长城就此失去了国防功能，不过清朝并没有完全废弃长城。为了防止内地的汉族和草原的蒙古族、东北的满族自由来往和征收赋税，清朝在明长城上设置了很多哨卡和税关，长城从国家的防线变成了民族的界限。

贸易口岸

清顺治年间在长城上修建了“大境门”，使这里从边防前线变成了贸易口岸，蒙古、俄国，甚至欧洲其他国家的商人都到这里来做生意。像这样的长城关口，在清朝还有很多。

万里茶路与张库大道

长城除了具备军事防御功能外，也是民族和国家之间和平友好交往的桥梁和纽带。

在清朝，有一条从中国南方经张家口到蒙古、俄国的商路，中、蒙、俄三国的商人在这条路上开展瓷器、茶叶和皮货生意，这就是著名的“万里茶路”。

其中从张家口地区经大境门到库伦（今蒙古国乌兰巴托）的商路被称为“张库大道”。宣化府、张家口都是张库大道上的重要地点。

开明的皇帝和愚昧的国家

康熙皇帝对西方科学技术非常感兴趣，他请欧洲的传教士在宫廷里做官，跟他们学习数学和天文学知识。但是康熙皇帝并没有对老百姓普及科学教育，他学习科技的目的是为了控制人民。

他认为长城是没有用的东西，因为明朝的长城并没有挡住清朝的骑兵。

一堵“破墙”

1793年，英国的马戛尔尼使团访问中国，觐见乾隆皇帝。他们希望与中国通商，被乾隆皇帝拒绝。乾隆皇帝认为中国是最伟大的国家，物产丰富，不需要与英国做生意。和康熙皇帝不同的是，乾隆皇帝对西方科技并不感兴趣。

英国使团经过古北口看见长城时非常兴奋，清朝的官员却觉得不可思议。他们心想：“一堵破墙有什么好看的？”

· 清朝时期 ·

对旧长城的利用

在辽东（今辽宁），为了洗刷耻辱，清朝廷拆掉了原来明朝用来防御自己的长城。但是满族人口少，汉族人口多，清朝廷害怕汉族人占领自己的老家。于是他们又以旧长城为基础修建了木栅栏，挖掘壕沟，在沟边种上成排的柳树，阻止汉族人到东北去。这就是“柳条边”。柳条边在很多地方改变了旧长城的线路。

中国最年轻的长城

其实清朝也修建过长城。在同治年间，不堪压迫的山东人民起义组成捻军。在交战的过程中，清军为了阻挡捻军东渡黄河而在壶口瀑布东岸紧急修建了一段长城，这是中国历史上最年轻的长城。虽然这只是一段小插曲，但把我国长城的修筑下限从明朝延长到了清朝，把长城修建史拓展了 300 年。

重建山海关

山海关是华北通向东北的重要关口。清朝的皇帝回东北老家时就会经过山海关。于是，清朝重修了山海关，这样便于皇帝回老家时，在这里歇脚和住宿。

重修战国时期的齐长城

清朝后期，农民起义频繁。为了镇压捻军起义，清朝重修了战国时期的齐长城。

这座烽火台，修复时既保持了长城的古朴，同时又保证了稳固。

左宗棠收复伊犁

19 世纪后期，在俄国和英国的支持下，一个叫阿古柏的人在中亚建立了政权，并且入侵新疆，企图把新疆分裂出去。清朝将军左宗棠率军收复了新疆，维护了清朝的统一。在战争期间，左宗棠重修了嘉峪关城楼，据说还在新疆修建了长城，但是人们还没有找到左宗棠修建的长城。

·近代以来·

中华民族的象征

1931 年，九一八事变爆发，日本侵略者占领了东北三省。两年后，中国守军和日本侵略军在长城沿线爆发了激烈的战斗，这就是著名的“长城抗战”。中国人就是从这个时候开始积极宣传长城的。从此，长城不再是封建统治者压迫人民的见证，而成为中华民族团结不屈的象征。

长城的演变

清朝后期，中国边疆危机加剧，长城再也挡不住侵略者的坚船利炮。在救亡图存的号角声中，长城逐渐成为凝聚中华民族的精神象征。

孙中山对长城的评价

很久以前我们一说起长城，就想起秦始皇的残暴统治。中国古人的诗歌和文章里，总是批评修长城的皇帝。

孙中山先生曾把长城称为“世界独一之奇观”“伟大之建筑”。他是最早称赞长城的中国人之一。

《战斗在古长城》沙飞摄于 1938 年

西方人对长城的想象

大约在 16 世纪，欧洲的传教士陆续来到中国。他们或口耳相传，或亲自踏足，把夹杂着传说的长城见闻带回欧洲，引起了欧洲人的强烈兴趣。

康熙年间，比利时传教士南怀仁来到中国，他见到长城后说道：“世界七大奇迹加在一起也比不上中国的长城，欧洲所有出版物中关于长城的描述，都不足以形容我所见到的长城。”

法国启蒙思想家伏尔泰曾经将长城称为“丰碑”，他说：“中国的万里长城是远比埃及的金字塔更加实用且更加宏伟的建筑。”

1754 年，英国的古物学家威廉 · 斯图科里说：“……长城是地球上的一个杰作，从月球上都能看到它。”可是 1754 年距离人类登上月球还有 200 多年呢！他怎么知道从月球上能看到长城呢？其实这个说法是一种夸张的想象。我们在月球上是看不到长城的。

走长城的人

1908 年，美国人威廉 · 盖洛从山海关走到了嘉峪关，成为有史料记载的第一个徒步走完大部分明长城的人。他在途中写了很多日记，拍了很多照片，这些都是研究长城的珍贵资料。

1984 年，刘雨田、董耀会、吴德玉、张元华等人分别从山海关走到了嘉峪关，成为第一批徒步考察长城的中国人。

1987 年，英国人威廉 · 林赛也徒步走完了从嘉峪关到山海关的明长城。但他们都没有走完辽宁省境内的明长城。

· 现代 ·

金色名片

今天的长城在全世界范围内都特别有名。很多重要的活动是在长城脚下举行的。比如 2010 年，在广州举办的第 16 届亚运会的圣火火种是在居庸关长城采集的；2022 年，北京冬奥会的张家口赛区就是长城博物馆，简直就是“长城脚下看冬奥，冬奥赛场看长城”。

世界文化遗产

1987 年 12 月，长城被联合国教科文组织列入《世界遗产名录》。它是中国第一批列入《世界遗产名录》的文化遗产之一。长城所具有的极高的文化遗产价值得到了举世公认。

身边的“长城”

仔细观察一下你的身边，你会发现，经常能看到长城的身影。找一找你身边的长城吧！

独特景观

长城很长，它使用了很多不同的建筑材料，有砖、石头、夯土、木头等。

长城蜿蜒在不同的地方，有沙漠，有草原，还会跨过险峻的高山和湍急的河流，从大海边延伸到内陆，形成了不同的景色。

草原上的长城

沙漠里用木头修的长城

戈壁滩上的土长城

用石块修的长城

山顶的长城

黄河边的长城

生活家园

长城不只是一道墙，它还有很多的要塞。考古学家们已经在长城沿线发现了2000多座城堡。其中有很多，在今天还是我们生活的城镇和乡村。

山西山阴旧广武城，曾经是明长城的一座城堡

文学源泉

中国人民的伟大领袖毛泽东主席，在带领红军翻越长征途中最后一座高山——六盘山之后，写下一首词表达胜利喜悦与斗争决心。

清平乐 · 六盘山

毛泽东

天高云淡，望断南飞雁。
不到长城非好汉，屈指行程二万。
六盘山上高峰，红旗漫卷西风。
今日长缨在手，何时缚住苍龙？

天宇澄澈高阔，淡淡白云飘过，我凝望着南飞的雁群，直到它们消失在碧空尽头。不坚持北上到长城奔赴抗日前线，就绝不算是好汉。屈指一算，我们长途跋涉已经走过二万里路了。在六盘山高高耸立的峰峦上，猎猎红旗迎风翻卷飘扬。如今红军经过了长征的考验，已变得更加强大，何时能捆缚住像恶龙一样的敌人？

长城的现状

经过 2000 多年的风吹雨打，长城遭受了严重的破坏，很多长城已经变成废墟了。

风蚀

动物破坏

雷击

·现代·

长城的保护和维修

对长城的保护一直是我们关心的事情。

1984 年，国家发起了修复长城的工作。人们修复了八达岭、山海关、慕田峪、金山岭、司马台等长城。

2006 年，国家公布了《长城保护条例》，这是中国第一部针对文物制定的法律。《长城保护条例》规定，大型基础设施建设穿越长城，必须架桥或者挖隧道。所以，现在我们已经看不到修路的时候切断长城的现象了。

2006—2011 年，国家文物局组织开展了第一次全国长城普查，摸清了长城的“家底儿”。2012 年，在居庸关长城脚下，国家文物局公布了长城的总长度为 21196.18 千米。2017 年，有关部门发布了《北京城市总体规划（2016 年—2035 年）》将包含长城文化带的三条文化带列为北京历史文化名城保护体系的重要内容。

文物部门还聘请了 5000 多名住在长城附近的居民，对长城进行日常的巡逻和保护，他们被称为“长城保护员”。

关于长城保护的新观点

长城是文物。文物虽然都是旧的东西，但它们具有悠久的历史，这才是它们最重要的价值。如今我们认为不应该再重建长城，因为有些长城已经塌掉了，我们不知道它们原来的样子，也就无法还原它们的真实面貌。更何况新建的长城，并不具有文物价值。所以不如就保持它们现在的样子，给大家留下一点想象空间吧！你说呢？

关于长城的保护和维修，还有以下几条重要原则需要我们注意：

1. 不改变原状：修了看上去要像没修一样，保证不塌就行了。

2. 最小干预：能不修就不修，尽量不建新的。

3. 使用恰当的保护技术：要用古代的工艺修长城，不能用水泥、塑料之类的材料。

月亮门的修葺

新广武 3 段长城 10 号敌台位于山西省山阴县。20 世纪 70 年代，它的券室塌毁了，只剩一个残存的拱形结构，当地人俗称“月亮门”。2016 年，月亮门也因大风坍塌了。长城保护工作者根据“不改变原状”和“最小干预”的原则，用原工艺、原材料加固了地基和台基，又用轻型材料复原了月亮门的模型，保留了敌台的沧桑之美。

我们可以为长城做些什么呢

人人都能为长城做的 5 件事：

1. 与朋友分享您的长城照片和体验。

2. 带走垃圾，维护长城的整洁。

3. 劝阻在长城上刻画的行为，维护长城原有风貌。

4. 给住在长城边的孩子捐一本书——帮助长城边的乡镇，即在帮助长城。

5. 如果您发现有疑似破坏长城的行为，请拍照、录像并立即报告给文物执法机构或者民间长城保护组织。

想一想：我们还能做哪些力所能及的事情来保护长城？

作者简介

张依萌

毕业于北京大学考古文博学院，新石器及夏商周考古专业硕士，现为中国文化遗产研究院中国世界文化遗产中心副研究馆员，长城世界文化遗产地专员。参与国家社科基金重大项目“全国明长城资源调查资料整理与研究”，“中国考古学百年史”长城考古发现与研究撰稿人，《长城画传》撰稿人，新广武 3 段长城 10 号敌台（月亮门）保护修缮与展示工程执行负责人。

刘峘

高级城市规划师。毕业于天津大学建筑学院，现就职于北大国土空间规划设计研究院（北京）有限责任公司。从事世界遗产、国家文化公园、考古遗址公园、文化遗产保护利用等方面的规划编制与研究工作，主持或参与多个省、市、自治区的长城保护规划项目，国家文物局《文物建筑开放导则》《文物建筑开放利用案例指南》主要编写人员。

张俊

网名火箭人。民间长城保护宣传公益组织长城小站创始人，北京长城文化研究会理事，长城志愿者讲师团资深讲师，北京市延庆区长城小站文化传播中心理事长。2019 年荣获国家文物局年度“最美文物安全守护人”荣誉称号。

绘者简介

刘磊

美术教育工作者，插画师。参与多家杂志社内页插图绘制工作。

王禹

本科毕业于四川美术学院，硕士毕业于中央美术学院壁画系，现任山西大学美术学院教师，中国壁画学会委员。